nte : **LA CABANE DE L'ONCLE TOM,** traduction complète de Léon de Wailly et
Edmond Texier. Prix : 1 fr.

BIBLIOTHÈQUE DRAMATIQUE

Théâtre moderne.

✦

ALEXANDRE

CHEZ

APELLES

COMÉDIE-VAUDEVILLE EN 1 ACTE

PAR

MM. BAYARD ET DUPIN

Prix : 60 centimes

DERNIÈRES NOUVEAUTÉS EN VENTE
Format in-18 anglais.

ÉPISODE DE L'HISTOIRE DE RUSSIE, par Prosper Mérimée, 1 vol.	3
LES SOIRÉES DE L'ORCHESTRE, par Hector Berlioz, 1 vol........	5
SCÈNES DE LA VIE INTIME, par Émile Souvestre, 1 vol..........	2
CONTES ROMANESQUES, par Paul Deltuf, 1 vol.................	3
POÉSIES COMPLÈTES, d'Émile Augier, 1 vol....................	3
ROMANS, par Louis Reybaud, 1 vol..........................	3
CONTES VIEUX ET NOUVEAUX, par Champfleury, 1 vol...........	3
ÉTUDES ANTIQUES, par Ponsard, 1 vol.	3
HISTOIRE DE CENT TRENTE FEMMES, par Léon Gozlan, 1 vol....	3
NOUVELLES, par Prosper Mérimée, 1 vol.....................	3
LES CLAIRIÈRES, par Émile Souvestre, 1 vol.................	2
ÉTUDES CRITIQUES ET BIOGRAPHIQUES, par John Lemoinne, 1 vol.	3
LE PAYS, LATIN, par Henry Murger, 1 vol...................	3
NOUVELLES, par Louis Reybaud, 1 vol......................	3
DANS LA PRAIRIE, par Émile Souvestre, 1 vol...............	2
SACS ET PARCHEMINS, par Jules Sandeau, 2 vol..............	4

Y Th. 390

HEL LÉVY FRÈRES, LIBRAIRES-ÉDITEURS

RUE VIVIENNE, 2 BIS

PARIS—**1853**

MUSÉE LITTÉRAIRE

DU SIÈCLE

Choix des meilleurs ouvrages modernes de MM. de LAMARTINE, Alex. DUMAS, de BALZAC, Jules JANIN, Eugène SUE, Émile de GIRARDIN, Charles de BERNARD, Frédéric SOULIÉ, Jules SANDEAU, MÉRY, Alphonse KARR, Léon GOZLAN, Félix PYAT, ÉMILE SOUVESTRE, SCRIBE, Paul FÉVAL, Louis DESNOYERS, Emmanuel GONZALÈS, Marc FOURNIER, SAINTINE, Michel MASSON, Émile MARCO DE SAINT-HILAIRE, etc., etc.

Il paraît deux livraisons par semaine, ou une série tous les quinze jours.

20 centimes la Livraison, composée de 24 pages.

EN VENTE, OUVRAGES COMPLETS :

ALEXANDRE DUMAS....	Les Trois Mousquetaires........	1 vol. Prix :	1	50
—	Vingt ans après....	— —	2	»
—	Le Vicomte de Bragelonne......	— —	4	50
—	Le Chevalier de Maison-Rouge..	— —	1	10
—	Le Comte de Monte-Cristo.......	— —	3	60
—	La Reine Margot.............	— —	1	50
—	Ascanio..................	— —	1	30
—	La Dame de Monsoreau......	— —	2	20
—	Amaury.................	— —	»	90
—	Les Frères corses..........	— —	»	50
—	Les deux Diane...........	— —	2	»
—	Les Quarante-cinq..........	— —	2	20
LÉON GOZLAN.........	Les Nuits du Père Lachaise....	— —	1	10
PAUL FÉVAL..........	Les Amours de Paris..........	— —	1	75
—	Les Mystères de Londres......	— —	3	»
H. BEECHER STOWE.	La Cabane de l'Oncle Tom ou les			
Trad. L. de WAILLY et E. TEXIER.	Noirs en Amérique.........	— —	1	»
EUGÈNE SUE.........	Les Sept Péchés capitaux......	— —	5	»
	Chaque ouvrage se vend séparément :			
—	L'orgueil..................	— —	1	50
—	L'Envie..............	— —	»	90
—	La Colère.................	— —	»	70
—	La Luxure.................	— —	»	70
—	La Paresse................	— —	»	50
—	L'Avarice.................	— —	»	50
—	La Gourmandise............	— —	»	50
—	Les Enfants de l'Amour........	— —	»	90
—	La Bonne Aventure...........	— —	1	50
—	L'Institutrice.............	— —	»	90
ALPHONSE KARR.....	Sous les Tilleuls............	— —	»	90
MÉRY..............	Héva....................	— —	»	50
—	La Floride................	— —	»	70
—	La Guerre du Nizam.........	— —	1	»
FRÉDÉRIC SOULIÉ.....	Saturnin Fichet............	— —	2	»
EUGÈNE SCRIBE......	Carlo Broschi.............	— —	»	50
—	La Maîtresse anonyme.........	— —	»	30
—	Judith ou la loge d'opéra......	— —	»	30
—	Proverbes................	— —	»	70
BERNARD.	La Femme de quarante ans....	— —	»	30
—	Un Acte de Vertu et la Peine du talion.	— —	»	50
—	L'Anneau d'argent..........	— —	»	30

ALEXANDRE CHEZ APELLES

COMÉDIE-VAUDEVILLE EN UN ACTE

PAR

MM. BAYARD et DUPIN,

REPRÉSENTÉE POUR LA PREMIÈRE FOIS, A PARIS, SUR LE THÉATRE DU VAUDEVILLE, LE 27 DÉCEMBRE 1852.

Distribution de la Pièce.

SÉNASAR, peintre.	MM. FELIX.
M. D'AUBRY, moitié d'agent de change. . .	DELANNOY.
BIBO, rapin.	GIL-PÉRÈS.
UN GROOM.	BACHELET.
CLOTILDE.	Mmes ANAÏS FARGUEIL.
CATHERINE, jeune ouvrière.	CAROLINE BADER.

La scène se passe chez Sénasar.

Se conformer à la brochure pour les airs.

ALEXANDRE CHEZ APELLES.

Le théâtre représente l'atelier d'un peintre. — Des tableaux, des objets d'art. — Un tableau plus grand sur un chevalet, à droite. — A gauche, un portrait commencé. — Portières et meubles élégants. — Une causeuse, près de laquelle est un petit guéridon.

SCÈNE I.

SÉNASAR, CLOTILDE, puis BIBO.*

Au lever du rideau, Clotilde est nonchalamment étendue sur la causeuse, à droite; en face d'elle, Sénasar travaille au portrait qui est à gauche. — Un moment de silence.

SÉNASAR, *interrompant son travail.*

Voulez-vous lever un peu vos jolis yeux?

CLOTILDE.

Comme cela?

SÉNASAR.

Bien ! regardez-moi.

CLOTILDE.

Ainsi?

SÉNASAR.

Très-bien !

CLOTILDE.

Mon Dieu ! que c'est long à faire un portrait !

SÉNASAR.

Vous trouvez, Madame?

CLOTILDE.

Je trouve... je trouve... et mon mari aussi... Il me disait encore ce matin : Sénasar fait durer ce portrait bien longtemps ! Est-ce qu'il ne le finira pas?

SÉNASAR.

S'il croit que cela se fait comme une opération de bourse, lui !... c'est plus difficile...

CLOTILDE.

Et cela rapporte moins.

SÉNASAR, *la regardant.*

Je ne dis pas ça. (*Un silence. — Clotilde baisse les yeux. — Sénasar travaille.*) Est-ce que votre mari est jaloux?

* Les personnages sont indiqués de la gauche à la droite du spectateur.

CLOTILDE.

Lui!... je ne crois pas... et de qui le serait-il?

SÉNASAR.

Dame!... Voulez-vous me regarder un peu ?... Bien !

CLOTILDE.

Vous me demandez s'il est jaloux, peut-être parce qu'il a toujours assisté à nos séances... il vous lisait le journal.

SÉNASAR, *se rapprochant d'elle.*

Et il me gênait beaucoup... Quand mes yeux cherchaient les vôtres... quand j'étudiais ces charmes que mon pinceau était inhabile à reproduire, comme en ce moment... il me semblait toujours qu'il était là pour me surveiller, pour épier mon émotion.

CLOTILDE.

Vous étiez donc ému?...

SÉNASAR.

Mais oui... beaucoup... votre épaule plus en dehors... Non... votre main ici... (*Il lui prend la main et la retient.*)

CLOTILDE.

Je croyais qu'un peintre était insensible.

SÉNASAR, *posant son pinceau et sa palette sur le guéridon.*

Oh ! non !... Croyez-vous que l'on puisse avoir là, devant soi, tout ce qui peut mettre le feu dans le cœur... tout ce qui enivre d'amour et fait rêver le bonheur... sans être troublé ! Vingt fois mon pinceau a failli m'échapper !

CLOTILDE, *retirant sa main.*

Retournez donc à votre place.

SÉNASAR, *appuyé sur la causeuse.*

Votre mari, qui me lisait les nouvelles des chemins de fer, ne remarquait pas mon trouble ; mais vous qui ne l'écoutiez pas plus que moi, je sentais à votre sourire si fin, à votre sein doucement agité, que vous me compreniez mieux... et que nos cœurs allaient l'un à l'autre.

CLOTILDE.

Voyez un peu... Vous me dites de sourire... et vous prenez mon sourire pour de l'amour !... Vous me dites d'avancer mon épaule, et vous croyez que mon cœur va vous trouver !...

SÉNASAR.

Oui, je le crois !

CLOTILDE.

Si vous êtes amoureux de toutes les femmes qui posent devant vous, cela doit être fatigant, savez-vous ?

SÉNASAR, *s'asseyant près d'elle.*

Oh! c'est la première fois que je suis amoureux de mon modèle.

CLOTILDE.

Ah! vous êtes amoureux!

SÉNASAR.

Oh ! oui !

AIR : *J'en guette un petit.*

Quand des amateurs de peinture
Visitent mon cher atelier,
A l'aspect de cette figure,
Je les entends se récrier !
En admirant ce frais ensemble,
Ces traits fins, ces yeux, ces beaux cils,
Ah ! le beau portrait, disent-ils !...
Et moi je dis : Comme il ressemble !

CLOTILDE.

Vous trouvez...

BIBO, *soulevant la portière.*

Je... Oh ! (*Il disparaît.*)

CLOTILDE, *se levant.*

Hein !

SÉNASAR, *la retenant.*

Rien !

CLOTILDE, *assise.*

Retournez donc à votre place.

SÉNASAR, *se laissant glisser à ses pieds.*

Mais j'y suis... et pourtant, quelquefois devant cette toile,
quand je vois mon modèle, je me sens découragé.

CLOTILDE.

Et à mes genoux, vous avez plus de courage !

SÉNASAR.

Vous me disiez hier que vous aimiez les arts... et il me
semble qu'un artiste s'entendrait si bien avec vous !

CLOTILDE.

Oui, c'est vrai !... et moi qui suis toujours au régime de la
bourse et de la banque !

SÉNASAR.

Cela vous changerait. (*Il lui baise la main.*)

CLOTILDE, *retirant sa main.*

Permettez ! Un artiste pour mari... je ne dis pas ?...

SÉNASAR.

Ah ! que ne puis-je être le vôtre !... que ne puis-je vous
consacrer ma vie tout entière !... moi, qui suis toujours seul,
qui n'ai pour m'inspirer que le souvenir de quelques chefs-
d'œuvre... la lutte avec mes rivaux et le prix de mes portraits...
Talent froid... succès sans poésie !... Mais le génie me viendrait
avec le bonheur d'aimer, d'être aimé !... Vous seriez pour moi
une muse toujours présente ! C'est à vous que je reporterais
tous mes succès... Vous m'enflammeriez d'une ardeur toujours
nouvelle, et ma fortune serait votre ouvrage... comme ma
gloire ! Voulez-vous ?

CLOTILDE.

Et combien cela durerait-il ?

SÉNASAR.

Toujours !

CLOTILDE.

C'est un amant que vous m'offrez !... Je ne puis accepter qu'un mari !

SÉNASAR, *se levant.*

Ah ! plût au ciel !... Mais, vous en avez un... M. d'Aubry !

CLOTILDE.

Oui... mon Alexandre...

SÉNASAR.

Alexandre... vrai ! Il s'appelle...

CLOTILDE.

Vous riez !

SÉNASAR.

Oui, ce nom-là me fait souvenir que... (*Élevant la voix.*) Il y avait un roi qui se nommait *Alexandre*, et qui fit peindre *Campaspe*, sa maîtresse, par un artiste du temps qui se nommait *Apelles...*

CLOTILDE.

On avait de singuliers noms dans ce temps-là.

SÉNASAR.

Le peintre devint éperdument amoureux de la maîtresse du roi... qui la lui céda.

CLOTILDE.

Ah !... il était bien gentil ce roi-là !

SÉNASAR.

C'était Alexandre le Grand !

CLOTILDE.

Et le mien est une moitié d'agent de change.

SÉNASAR.

Ce qui n'est pas la même chose !

D'AUBRY, *en dehors.*

C'est bien ! c'est bien !

SÉNASAR, *reprenant sa palette et son pinceau.*

C'est lui !

CLOTILDE.

Chut! c'est Alexandre qui vient chez Apelles.

SÉNASAR, *retournant au portrait.*

Ne bougez pas !

SCÈNE II.

SÉNASAR, D'AUBRY, CLOTILDE.*

D'AUBRY, *à la cantonade.*

Je ne veux déranger personne ! Ha ! ha ! ha !

SÉNASAR, *peignant.*

Ah ! M. d'Aubry !

CLOTILDE, *sans se détourner.*

C'est vous, Alexandre?

D'AUBRY.

Bonjour, Clotilde, bonjour, mon petit Rubens ! mon petit Raphaël ! Eh bien, ce portrait, avançons-nous ?

SÉNASAR.

Mais oui... cela commence à prendre tournure, je ne le quitte pas.

D'AUBRY.

Cela commence, c'est bien heureux !

CLOTILDE, *se levant.***

Voilà ce que je disais quand vous êtes entré... C'est bien heureux !

SÉNASAR, *lui serrant la main, à part.*

Ah !

D'AUBRY.

Vive la photographie pour aller vite ! Un coup de soleil, et v'lan ! c'est fait ! J'aime mieux ça... C'est une économie de temps, de couleurs...

CLOTILDE.

Et de talent ?

D'AUBRY.

Bah ! la photographie, c'est la peinture...

SÉNASAR.

Des charbonniers.

D'AUBRY, *riant.*

Ha ! ha ! ha !... Voyons donc un peu ce chef-d'œuvre. (*Se plaçant devant le portrait.*) C'est Clotilde, cela ! allons donc.

CLOTILDE.

Vous êtes galant !

D'AUBRY.

Il ne s'agit pas de galanterie... mais de ressemblance ! et ce n'est pas ressemblant !

* Sénasar, d'Aubry, Clotilde.
** D'Aubry, Sénasar, Clotilde.

SÉNASAR.

Vous trouvez?

D'AUBRY.

Je trouve que la bouche est trop petite, et le nez trop effilé.

CLOTILDE.

Vous ne vous y connaissez pas.

D'AUBRY.

Mais, voyons, là, en conscience, belle dame, est-ce que vous avez les yeux aussi grands que ça?

SÉNASAR.

J'ai peint ce que j'ai vu.

D'AUBRY.

Flatteur !... Et puis, c'est trop blanc... vous êtes brune... foncée !

CLOTILDE.

Que voulez-vous? Tout le monde n'a pas pour moi des yeux de mari... heureusement !

D'AUBRY.*

Ah ! bien ! ah ! bon ! vous allez vous piquer, parce que je suis franc ! Mais, Sénasar a trop d'esprit pour se fâcher.

CLOTILDE.

C'est-à-dire que je n'en ai pas.

D'AUBRY.

Après ça, moi, je me connais en peinture...

CLOTILDE.

Comme en esprit.

D'AUBRY, *riant.*

Ha ! ha ! ha ! dites donc, ce n'est pas flatteur pour vous, cela, mon cher ! (*A Clotilde.*) Méchante !

CLOTILDE.

AIR: *J'ai vu le Parnasse.*

D'ailleurs à chacun sa science !...
A chacun son art !... En ce cas,
Voulez-vous, homme de finance,
Juger des couleurs?

D'AUBRY.

      Pourquoi pas?
Nous avons des agents de change
Qui sont de très-fins connaisseurs!...
Et puis à la bourse, mon ange,
On entend très-bien les couleurs.

Ah ! ah ! ah !

SÉNASAR.

Ha ! ha ! ha ! alors, on peut vous en montrer...

* Sénasar, d'Aubry, Clotilde.

CLOTILDE.

Certainement.

SCÈNE III

LES MÊMES, BIBO, JOSEPH.*

BIBO.

Venez par ici !

D'AUBRY.

Ah ! un rapin !

BIBO.

C'est le groom de M. d'Aubry qui le demande.

D'AUBRY.

Vous permettez... qu'est-ce, Joseph ?

JOSEPH.

Une lettre très-pressée pour monsieur.

D'AUBRY, *la prenant.*

Une lettre... ah ! oui, je sais ce que c'est... (*Il la met vivement dans sa poche.*)

CLOTILDE.

Quelle lettre ?

D'AUBRY.

Rien... une affaire... Ah ! Joseph ?

JOSEPH.

Monsieur !

D'AUBRY.

Mets-toi là... regarde ce portrait... Ah ! ne lui dites rien... ne l'influencez pas !.. A qui de nous ressemble-t-il ?

BIBO, *riant, à part.*

Oh !

JOSEPH.

Pardine ! c'est madame ! Ah ! Dieu ! il est parlant !

CLOTILDE.

Là, vous voyez !

D'AUBRY.

Oh ! un domestique !

SÉNASAR.

Et toi, Bibo ?

BIBO.**

Oh ! moi ! c'est drôle... j'aurais cru que cela ressemblait à monsieur. (*Il montre d'Aubry.*)

---

* Sénasar, d'Aubry, Joseph, Bibo, Clotilde.
** Sénasar, d'Aubry, Bibo, Clotilde, Joseph.

TOUS, *riant.*

Ha ! ha ! ha !

D'AUBRY, *descendant la scène.*

Ha ! ha ! ha ! est-il bête !

SÉNASAR, *de même.*

Oh ! un rapin !

D'AUBRY.

Mais pardon, mon petit Michel-Ange, je viens vous enlever votre modèle... Il faut que vous veniez avec moi chez Chevet, Clotilde... J'ai du monde à dîner... un dîner de finance... et vous savez bien que je ne puis rien faire sans vous.

CLOTILDE.

Pas même de la politesse. (*Elle remonte pour mettre son chapeau.*)

D'AUBRY.*

Ah ! vous dites cela, ma chère, à cause de ma petite taquinerie... Je suis sûr que Sénasar ne m'en veut pas ?

SÉNASAR.

Pas le moins du monde ! (*A part.***) Sois tranquille, toi ! si je peux te souffler ta femme ! (*Allant à Clotilde pour lui mettre son châle.*) Permettez, Madame. (*Il l'aide.*)

D'AUBRY, *à part.*

Ah ! ma lettre ! (*Il la lit à gauche.*)

BIBO, *bas à Joseph, au fond.*

Qu'est-ce que c'est que votre maître ?

JOSEPH, *de même.*

Une moitié d'agent de change.

BIBO.

C'est donc ça !

SÉNASAR, *bas à Clotilde.*

Je voudrais bien reprendre notre séance aujourd'hui.

CLOTILDE, *le regardant avec un sourire.*

Je reviendrai.

D'AUBRY, *fermant la lettre, à part.*

Qu'elle aille au diable !

CLOTILDE, *venant à lui.*

Vous dites ?

D'AUBRY.

Partons ! Mon chapeau ! (*Il va le prendre.****)

CLOTILDE, *bas à Joseph.*

D'où veniez-vous ?

* Sénasar, d'Aubry, Clotilde.
** D'Aubry, Sénasar, Clotilde.
*** Joseph, Clotilde, d'Aubry, Sénasar, Bibo.

JOSEPH.

De l'Opéra, Madame.

CLOTILDE.

Ah ! (*A part.*) Je m'en doutais.

D'AUBRY, *au groom et donnant le bras à Clotilde.*

Joseph, faites avancer la voiture.

JOSEPH.

Oui, Monsieur ! (*Il sort.*)

ENSEMBLE.

AIR : *Allons, bonne chance.* (Laure et Delphine.)

D'AUBRY.

Adieu, sans rancune !
D'en avoir aucune
Vous auriez tort à présent,
Car je m'en vais très-content !...

SÉNASAR.

Adieu, sans rancune !
D'en avoir aucune,
Ah ! Dieu me garde à présent,
Car me voilà trop content !

CLOTILDE.

Adieu, sans rancune !
D'en avoir aucune
Vous auriez tort à présent...
Car le modèle est content !

D'AUBRY.

Très-joli, ma bonne !
(*Bas.*)
C'est égal... personne,
Si tu perds ce portrait-là,
Ne te le rapportera.

Ha ! ha ! ha !

REPRISE.

Adieu, etc.

(*Ils sortent.*)

SCÈNE IV.

SÉNASAR, BIBO.

SÉNASAR, *se promenant.*

Elle reviendra ! Ah ! ce mot, après la déclaration que j'ai risquée... c'est de l'amour, ou je ne m'y connais pas !

BIBO.

Le voilà seul.

SÉNASAR, *sans le voir.*

Elle reviendra ! cela veut dire, je vous pardonne, je vous

aime, osez encore ! osez toujours !... Et comme ce mari est venu sottement me donner l'avantage !.. Il n'y a que les maris pour ça !

BIBO, *le suivant.*

Maître !

SÉNASAR.

Que fais-tu là ? que me veux-tu ? Laisse-moi !... va-t-en !... (*Se promenant.*) Si bonne ! si jolie ! Quelle charmante maîtresse ! De quels soins je vais l'entourer... Sa grâce, son esprit, le mystère qui couvrira nos amours, tout, jusqu'aux dangers de sa position et de la mienne, va donner à cette passion, un piquant, un charme toujours nouveau... Ah ! je suis heureux !... ma joie déborde malgré moi !... Elle reviendra !

BIBO, *qui s'est arrêté au fond.*

Il se démène comme le diable dans le bénitier !

SÉNASAR.*

Je ne tiens pas en place... J'ai la tête en feu... et le cœur... (*L'apercevant.*) Encore ici !

BIBO.

C'est que je voudrais vous parler d'une affaire très-chouette.

SÉNASAR.

Eh bien, voyons, parle !... (*Il se trouve devant le portrait de Clotilde.*) D'Aubry a raison... ce portrait ne ressemble pas. (*Il travaille.*)

BIBO.

Voilà... Vous demandiez hier une tête de vestale, pour votre tableau du *Feu éternel ?*

SÉNASAR.

Après ?...

BIBO.

J'en ai trouvé une... mais là, une vestale qui n'est pas de la gnognotte comme les autres...

SÉNASAR, *occupé du portrait.*

Elle est cent fois plus jolie que cela ?

BIBO.

Ah ! oui ! ah ! oui !

SÉNASAR.

Hein !... tu dis ?

BIBO.

Je dis que c'est une vestale tout à fait chic.

SÉNASAR.

Qui ça ?

* Sénasar, Bibo.

BIBO.

Eh bien! celle que j'ai trouvée pour votre tableau !... Des yeux longs comme ça... Un vrai velours ! Un nez qui pince de là... et une bouche petite, petite, petite !... avec un air de candeur, qu'on dirait que c'est vrai.

SÉNASAR.

Tu la connais ?

BIBO.

Beaucoup... même que c'est là-dessus que je veux vous demander un conseil.

SÉNASAR.

Dépêche-toi.

BIBO.

Êtes-vous pour le mariage, vous, maître ?

SÉNASAR.

C'est selon... il y a des jours... Tu veux te marier ?

BIBO.

C'est selon, il y a des jours... D'être seul, ça m'ennuie !... Et de changer toujours, ça m'enrhume !... Voilà l'hiver qui vient, et j'ai idée que le mariage, c'est une douceur... et que ça tient chaud, avec une robe de chambre et des pantoufles... Je serai au coin du feu avec mon épouse... Je ferai des croquis d'après elle... ça m'avancera... et puis, c'est gentil d'avoir une femme à soi, tout seul, d'autant que j'ai trouvé mon affaire.

SÉNASAR.

Eh bien ! marie-toi ?

BIBO.

Oui... mais se lier comme ça pour l'éternité... c'est diablement long !... au lieu qu'une maîtresse, c'est plus drôle !...

SÉNASAR, *les yeux fixés sur le portrait.*

Oui, une douce et compatissante nature, que la crainte de vous perdre rend chaque jour plus tendre et plus piquante !... Qu'on aime cent fois davantage après une brouille, qui pouvait vous l'enlever !... Un amour mystérieux, secret... qui ne s'évapore pas au grand air comme le mariage.

BIBO.

N'est-ce pas, maître... ce serait bien mieux mon affaire ?

SÉNASAR.

Eh bien, ne te marie pas !...

BIBO.

Oui, mais... c'est qu'elle ne veut pas de l'autre manière... Elle a des principes... et, voyez-vous, moi, je ne peux pas me passer d'elle d'abord, et si elle en épousait une autre... Cré nom !

SÉNASAR.

Eh bien ! marie-toi, imbécile !..

SCÈNE V.

LES MÊMES, CATHERINE.

CATHERINE, *passant la tête au fond.*

Hum !

BIBO.

Ah ! (*Bas.*) Maître, c'est elle !

SÉNASAR, *jetant son pinceau.*

Elle !... Va-t'en !... va-t'en !...

BIBO.

Que je m'en aille !

SÉNASAR, *se trouvant en face de Catherine.*

Comment, elle ?

CATHERINE.*

Monsieur...

BIBO.

Mais, oui... la vestale demandée !

— SÉNASAR.

Ah ! ta future !

CATHERINE.

Sa future !... Permettez... M. Bibo, vous êtes d'une indiscré-
tion !...

BIBO.

Est-elle bête ! puisque c'est mon maître, M. Sénasar !

CATHERINE.

C'est égal... je ne vous ai pas autorisé...

SÉNASAR.

Le fait est qu'elle est jolie !

BIBO, *bas.*

C'est du chenu, hein ?

CATHERINE.

M. Bibo m'a dit qu'il vous fallait une tête, pour votre tableau
du *Feu éternel...*

BIBO.

Une tête et tout ce qui s'ensuit.

SÉNASAR.

Oui, Mademoiselle... En effet, voilà ce que je désirais... de
beaux yeux... une taille charmante... et en dégageant tout
cela...

CATHERINE, *baissant les yeux.*

Monsieur, je ne pose qu'habillée.

* Bibo, Sénasar, Catherine.

BIBO.

Mais oui... (*Bas à Sénasar.*) C'est qu'elle est... Ah! ah!...
(*Haut.*) N'aie pas peur ! *

CATHÉRINE.

Je vous prie, M. Bibo, de ne pas me tutoyer.

BIBO.

N'ayez pas peur!... (*Bas.*) Elle est un peu bégueule... mais
bah !

SÉNASAR.

C'est bien... Bibo vous indiquera le costume que vous es-
saierez plus tard. (*A part.*) Elle ne vient pas, (je vais à ma fenêtre épier son retour !... Ah ! tous les moments passés loin
d'elle, vont me paraître des siècles !... (*Il va pour sortir. — Catherine le suit en lui faisant la révérence.*)

CATHERINE, *apercevant le portrait de Clotilde.*

Ah ! **

SÉNASAR, *se retournant.*

Plaît-il ?

BIBO.

Quoi?

CATHERINE.

Rien !... rien !...

Sénasar sort par la gauche.

SCÈNE VI.

CATHERINE, BIBO.

BIBO.

Qu'est-ce que vous avez à crier : Ah !

CATHERINE, *montrant le portrait.*

Quelle est cette tête-là?

BIBO.

C'est un portrait que M. Sénasar est en train de peindre.

CATHERINE.

Vous connaissez le modèle ?

BIBO.

Oui... Une dame de la haute... qui vient poser tous les
jours pour le maître... C'est-à-dire, je crois que c'est lui qui
pose...

CATHERINE.

Elle a un mari?

---

* Sénasar, Bibo, Catherine.
'* Sénasar, Catherine, Bibo.

BIBO.

Une moitié d'agent de change... qui fait diablement bien d'être riche !

CATHERINE.

Ce doit être elle.

BIBO.

Elle... Qui?

CATHERINE.

Une connaissance de Joséphine.

BIBO.

Qui, Joséphine?... Ah! la grande blonde... qui aime tant la galette... Possible ! Une couturière doit connaître la haute volée... si elle l'habille.

CATHERINE.

Non, au contraire.

BIBO.

Elle la déshabille?

CATHERINE.

Mais non... Elle l'a connue autrefois... à ce qu'elle m'a dit, le soir que nous avons vu ensemble *la Dame aux Camélias.*

BIBO.

Ah! oui! cette gaillarde qui meurt d'amour et d'une fluxion de poitrine... Cré nom! voilà une pièce chic !... Il n'y a que le père qui est embêtant... J'aime mieux le fils... Il est jobard, mais il est gentil... Seulement, je n'aime pas qu'il déchire les billets de banque... Ça ne se fait pas... Ah! vous me direz que ce n'est pas des vrais billets.

CATHERINE.

Moi, je pleurais comme la fontaine des Innocents... quand voilà que, dans l'entr'acte, Joséphine me dit : Tu vois bien cette dame qui est dans l'avant-scène !... Une femme superbe qui avait des diamants et un gros bouquet, que ça faisait envie !

BIBO.

Les diamants...

CATHERINE.

Pardine! Eh bien, je la connais, dit-elle : c'est Clotilde, une ancienne amie à moi, qui a épousé un richard... Elle a de la vaisselle plate et des laquais... que ça fait envie !

BIBO.

La vaisselle plate?

CATHERINE.

Pardine!... Et en sortant, nous la voyons monter dans un amour de voiture, avec un cheval fringant... et son mari... que ça faisait envie !

BIBO.

Le mari?

CATHERINE.

Eh non ! la voiture !...

BIBO.

Ah ! bah ! laissez donc... Pour vingt-cinq sous on en a une...
A moins qu'on ne préfère l'omnibus pour six sous... compris
la société... Et quand tu seras ma femme...

CATHERINE.

Ta femme !... ta femme !... D'abord, je vous ai défendu de me
tutoyer.

BIBO.

Mais puisque je t'épouse... Bah !... (*Il lui prend la taille.*)

CATHERINE.*

Comment... bah ! (*Changeant de ton.*) Ne me prenez pas
la taille, on peut entrer... (*Reprenant.*) Comment, bah ! D'abord
je veux un mari qui ait quelque chose...

BIBO, *montrant le portrait.*

Il vous faudrait peut-être, comme à elle, une moitié d'agent
de change?

CATHERINE.

Je me contenterais d'un quart !

BIBO.

Oh ! ne dites pas ça, ma petite Catherine !... Je vous aime !...
je vous aime que j'en ferais un malheur !

CATHERINE.

Bêta ! ha ! ha ! ha !

BIBO.

Ha ! ha ! ha ! Si elle rit, l'affaire peut s'arranger !

SCÈNE VII.

LES MÊMES, SÉNASAR, *puis* CLOTILDE.

SÉNASAR, *rentrant vivement.*

C'est elle !

BIBO.

Ah ! maître !...

SÉNASAR.

Eh ! vite, laissez-moi, sortez !... Et surtout ne laisse entrer
personne !...

BIBO.

Je vais indiquer à mademoiselle le costume de la chose.

SÉNASAR, *ouvrant la porte du fond.*

Bien ! bien !

CATHERINE.

Il faudra revenir ?...

* Bibo, Catherine.

SÉNASAR.

Oui, plus tard... quand je serai seul... mais, en ce moment, j'ai un portrait à faire... laissez-moi !...

BIBO, *l'emmenant à droite.*

Venez, Mam'selle... Ah ! (*Bas à Catherine.*) La voici !

CATHERINE; *bas à Bibo, en sortant par la droite.*

C'est bien elle !...

Clotilde paraît vivement au fond sans voir Catherine.

SÉNASAR, *allant à elle.*

Que vous êtes bonne, Madame, de me donner encore une séance ! (*Bibo sort.*)

SCÈNE VIII.

SÉNASAR, CLOTILDE.

CLOTILDE, *apercevant Bibo.*

Ce garçon, qui est toujours près de vous, vous êtes sûr de lui ?

SÉNASAR.

De Bibo !... Un pauvre diable qui me sert par amitié... et à qui je donne des leçons par reconnaissance... Il se ferait tuer pour moi !... Mais enfin, vous voilà !... Je vous attendais... j'étais si impatient de reprendre notre conversation, où nous l'avons laissée !...

CLOTILDE.

Pas plus que moi, je vous assure.

SÉNASAR.

Ah ! voilà qui est aimable ! Défaites-vous donc de ce châle, de ce chapeau...

CLOTILDE, *ôtant son chapeau.*

Merci, je ne poserai pas.. Je ne pourrais pas tenir en place.

SÉNASAR, *enlevant son châle.*

Mon Dieu ! comme vous semblez agitée !

CLOTILDE.

Je le suis en effet... En vous quittant, j'ai parlé à M. d'Aubry de son manque d'égards envers vous... lorsqu'il critiquait sottement votre travail...

SÉNASAR.

Que m'importe, si vous êtes contente !

CLOTILDE, *allant poser son chapeau à gauche.*

Sa réponse m'a agacée... J'étais dans un mauvais jour... pour lui... et un autre motif... Enfin, nous nous sommes quittés fort mal ensemble.

SÉNASAR, *la suivant.*

Me voilà vengé... à peu près... et vous n'irez jamais trop

loin dans la vengeance !... Seulement, je réclame le plaisir d'y être pour moitié.

CLOTILDE. *

Vous y êtes pour le portrait.

SÉNASAR.

Je voudrais y être pour le modèle... Faisons un traité, mêlons nos intérêts, unissons nos colères. (*Lui entourant la taille de son bras.*) Et donnons-nous d'abord un gage d'alliance.

CLOTILDE, *se dégageant.*

Vous allez un peu vite.

SÉNASAR.

Le temps perdu en amour comme à la guerre, ne se retrouve pas.

CLOTILDE.

En amour, dites-vous?... Mais tenez, Sénasar, regardez-moi en face... Êtes-vous bien sûr de m'aimer?

SÉNASAR.

Et vous me dites de vous regarder en face ! Mais voilà ma réponse !

CLOTILDE.

Pas de froide galanterie... M'aimez-vous, là, sérieusement?

SÉNASAR.

Très-sérieusement !

CLOTILDE.

Vrai ?

SÉNASAR.

Vous ne m'aimez donc pas, vous, puisque vous en doutez?

CLOTILDE.

C'est que moi, mon ami, je suis difficile... Je veux qu'on m'aime avec toute son âme! Mon cœur est exigeant, je vous en préviens... Et les hommes tiennent si mal ce qu'ils promettent !

SÉNASAR.

Oui, ceux qui font des serments... Mais moi, j'aime !... et je suis d'autant plus tendre, d'autant plus fidèle qu'on m'a montré plus de confiance !... Laissez-vous aller à ma tendresse !... laissez-vous être heureuse !

CLOTILDE.

Heureuse !... Croyez-vous que je puisse l'être avec la crainte de vous perdre !... Vous m'aimez en ce moment... Ah ! je le crois ; mais demain, m'aimerez-vous encore?... Ce lien fragile, le temps peut l'user; une colère peut le rompre, un caprice peut le dénouer !...

SÉNASAR.

Ah ! jamais ! Que faire pour vous rassurer? Heureux M. d'Aubry, il est arrivé avant moi !

* Clotilde, Sénasar.

CLOTILDE.

Oui, il m'a donné son nom... et je ne puis écouter votre amour, sans le tromper!... Oh! c'est mal cela!... Et s'il le savait!...

SÉNASAR.

Eh! que m'importe qu'il le sache! Si vous souffrez de le tromper, moi je souffrirais de partager un bonheur que je veux tout entier.

CLOTILDE.

Vous dites cela! Et ce bonheur, vous ne le paieriez pas d'un an, d'un jour de votre liberté?

SÉNASAR.

Eh bien! essayez!... Puisqu'il n'est pas digne de vous, soyez à moi! Quittez les lieux qu'il habite.

CLOTILDE, *le regardant.*

Sénasar!

SÉNASAR.

Oui, depuis longtemps je veux voir l'Italie, son beau ciel, ses arts divins... tout ce qui donne du génie! Partons!...

AIR : *De Téniers.*

Quel voyage!... ces arts que j'aime,
Nous en causerons entre nous!
Je doublerai mon plaisir même,
En le partageant avec vous!
Et cette nature immortelle
Qui, seul, me ferait soupirer,
Paraît cent fois encor plus belle
Quand on est deux pour l'admirer!...

Oui! soyez ma compagne, mon amie... Que ne puis-je dire ma femme!

CLOTILDE.

Oh! si vous le pouviez... vous ne le feriez pas!

SÉNASAR.

Si fait!... Ah! que n'êtes-vous veuve!

CLOTILDE.

C'est-à-dire, libre.

SÉNASAR.

Dieu! si vous l'étiez!...

CLOTILDE.

Vous me donneriez votre nom?

SÉNASAR.

A l'instant même!

CLOTILDE.

Bien sûr?

SÉNASAR.

Je vous le jure!

CLOTILDE.

Vous tenez vos serments?

SÉNASAR, *tombant à ses pieds.*

Toujours!.. Mais par malheur vous ne l'êtes pas...

CLOTILDE, *lui tendant la main.*

Mon ami!

SÉNASAR.

Plaît-il?

CLOTILDE.

Puisque ce n'est que cela qui vous arrête... soyez heureux!...
Je suis libre comme vous l'êtes!

SÉNASAR.

Vous!

CLOTILDE.

Oui, moi... qui, jeune, sans expérience, sans guide... m'a-
bandonnai à M. d'Aubry comme à mon mari... Il devait l'être...
Il l'était aux yeux du monde... comme aux vôtres! Mais ce lien,
pour lequel l'amour nous semblait suffire, je puis le rompre
aujourd'hui sans crime, car il m'est infidèle! Je puis accepter
la main que vous m'offrez, et vous dire sans rougir : Je vous
aime!

SÉNASAR, *toujours à genoux et stupéfait.*

Clotilde!... ah! pardonnez! La surprise... l'émotion... me
rendent muet, et m'ôtent la force de me relever!

CLOTILDE.

C'est le secret de ma vie que je vous confie là!... Mais
j'ai vos serments; mieux encore, vous l'avez dit, j'ai votre
amour!

BIBO, *en dehors.*

Mais non! mais non!... cela ne se peut pas! (*Sénasar se
lève.*)

CLOTILDE.

Quelqu'un! J'entre là, chez vous... Une lettre à écrire... et
plus d'obstacles... Ce bonheur que vous m'avez demandé, je
vous le donne!

BIBO, *en dehors.*

Attendez!

CLOTILDE.

Ah! (*Elle prend vivement son chapeau, son châle. — Sénasar
va à elle; elle se retourne au moment de sortir.*) A bientôt, mon
mari!

SÉNASAR.

A bientôt! ma... ma...

Elle entre à droite. — Bibo paraît.)

SCÈNE IX.

SÉNASAR, BIBO, *puis* M. D'AUBRY.

BIBO.

Maître !

SÉNASAR, *sans l'entendre.*

Ma... ma... ma femme !... ça m'étrangle !...

BIBO.

Il ne m'entend pas !

SÉNASAR, *se promenant vivement.*

Au fait, pourquoi pas ?*

BIBO.

Maître, voilà le mari.

SÉNASAR, *s'écriant.*

Hein !

BIBO.

M. d'Aubry... Il voulait entrer malgré moi... forcer votre porte...

SÉNASAR.

Forcer ma porte ! lui !... Mais j'ai le droit de le jeter par la fenêtre ! (*A part.*) Pas marié !**

BIBO.

Vrai !... voulez-vous ?... C'est un peu haut... mais bah !

D'AUBRY, *entrant.*

Un atelier n'est pas le cabinet d'un ministre, pour faire antichambre !

BIBO.

Permettez...

D'AUBRY, *s'asseyant.*

Permettez... J'y suis... j'y reste ! Ha ! ha ! ha !

BIBO.***

Mais, Monsieur !...

SÉNASAR.

Sors, Bibo ! (*Il sort par le fond.*)

SCÈNE X.

SÉNASAR, D'AUBRY.

D'AUBRY, *toujours assis.*

C'est très-heureux !

SÉNASAR, *marchant, et à part.*

Un homme immoral, qui n'est pas marié !... pas marié !

* Bibo, Sénasar.
** Sénasar, Bibo.
*** Sénasar, Bibo, d'Aubry.

D'AUBRY.

Je n'ai qu'un mot à vous dire, et je vous laisse... (*Tirant sa montre.*) On m'attend...

SÉNASAR, *se promenant toujours.*

Tant pis pour lui !... Je suis libre... elle est veuve, ou c'est tout comme.

D'AUBRY.

Eh ! mais... dites donc, où allez-vous comme ça ?

SÉNASAR.

Plaît-il ?

D'AUBRY, *se levant.*

Vous courez, vous courez comme un convoi sur un chemin de fer...

SÉNASAR.

Eh bien ! si cela me convient ! si cela me plaît !... Je suis chez moi... je suis libre ! Tout le monde est libre ! (*Éclatant de rire.*) Ha ! ha ! ha !

D'AUBRY.

A la bonne heure ! vous riez, vous ne m'en voulez pas, comme ma femme me l'avait dit !...

SÉNASAR.

Votre femme ! (*A part.*) Sa femme ! sa femme !

D'AUBRY.

Eh oui ! parbleu ! En sortant d'ici, elle m'a reproché d'avoir manqué d'égards envers vous... d'avoir mal parlé de votre peinture... Que sais-je ?

SÉNASAR.

Elle est si bonne !

D'AUBRY.

C'est ce que je lui ai dit... Mais elle avait envie de me faire une scène... Elle m'a fait une scène... Ça lui arrive souvent.

SÉNASAR.

Laissez-moi donc tranquille ! une femme charmante !

D'AUBRY.

Charmante, je ne dis pas ! Mais enfin, il y a des jours d'orage.

SÉNASAR.

Ah ! bah !

D'AUBRY.

Mais il y en a dans tous les ménages.

SÉNASAR.

Ah ! du moment qu'il y en a dans tous les ménages !...

D'AUBRY.

Mais aujourd'hui, par exemple, je vous demande un peu s'il y avait de quoi se fâcher ! Parce que je ne trouvais pas ce portrait d'une ressemblance parlante ! (*Riant.*) Ha! ha! ha! après tout, ça n'est pas toujours un mal!...

SÉNASAR.

Pas un mal... Quoi?... pas un mal!..

D'AUBRY.

Parbleu! si le portrait ne crie pas comme le modèle.

SÉNASAR.

Ah! bah! elle crie...

D'AUBRY.

Mais toutes les femmes crient, plus ou moins !...

SÉNASAR.

Ah! du moment que toutes les femmes crient...

D'AUBRY.

Mais il y a toujours moyen de les calmer.

SÉNASAR.

Avec de l'esprit !...

D'AUBRY.

Ou avec de l'argent... On donne ce qu'on a.

SÉNASAR.

Vous lui donnez de l'argent?

D'AUBRY.

Pas précisément, mais elle aime les bijoux... je lui donne des bijoux... Elle adore les dentelles... je lui donne des dentelles... Elle raffole des cachemires... je lui donne des cachemires...

SÉNASAR.

Diable !. le moyen est un peu cher !

D'AUBRY.

Bah ! pour avoir la paix...

SÉNASAR.

Vous êtes riche, vous !

D'AUBRY.

Mais, oui.

AIR : *Des maris ont tort.*

La charge est bonne, je l'avoue,
Je puis multiplier mes dons ;
La rente monte, et moi je joue
A la hausse sur tous les fonds.
Sur moi ma femme avec adresse
Joue aussi... pour en profiter...
Et quand son amour est en baisse,
Ma hausse le fait remonter.

SÉNASAR.

Ce qui maintient l'équilibre.

D'AUBRY.

Voilà!... Mais aujourd'hui, j'ai un moyen de faire la paix à meilleur marché.

SÉNASAR.

Et ce moyen?

D'AUBRY.

Oh ! il est facile.

SÉNASAR.

Dites toujours, ça peut servir.

D'AUBRY.

C'est de vous inviter à dîner.

SÉNASAR.

Ah ! c'est votre moyen ?

D'AUBRY.

Elle prétend que je n'ai pas été poli envers vous... Que je vous ai blessé... que vous m'en voulez... Mais non, tout est réparé, n'est-ce pas ? Vous viendrez...

SÉNASAR.

Pardon ! c'est que je ne suis pas sûr de pouvoir...

D'AUBRY.

Ah ! vous ne voulez pas que je fasse mauvais ménage à cause de vous !

SÉNASAR, à part.

Il s'adresse bien !

D'AUBRY.

Elle me saura gré de cette démarche... Elle ne criera plus que vous m'en voulez... D'ailleurs, le dîner ne sera pas ennuyeux... Des gens de bourse, de finance... Ils sont très-amusants, quelquefois.

SÉNASAR.

C'est selon la manière de les prendre.

D'AUBRY.

Voilà !

SÉNASAR.

Mais je ne puis accepter.

D'AUBRY.

Faites cela pour ma femme, qui vous aime... mais beaucoup ! beaucoup !... C'est au point que si j'étais jaloux comme elle...

SÉNASAR.

Elle est jalouse !

D'AUBRY.

Énormément ! elle craint toujours que je ne lui échappe... Je ne peux pas regarder une jolie figure de face... ou de profil, que nous n'ayons des scènes !... Il y a des jours où je serais tenté de l'envoyer...

SÉNASAR.

Au diable !...

D'AUBRY.

Mais je me dis : Bah ! on n'est jaloux que de ce qu'on aime !
Et puis, entre nous... je suis une bête d'habitude !...

SÉNASAR.

Au fait... c'est votre femme.

D'AUBRY, *avec un peu d'embarras.*

Ma femme !... oui !... oui !... Adieu ! à sept heures.

(*Il remonte.*)

SÉNASAR.

Mais non !...

D'AUBRY.*

Si fait ! et une idée ! après son portrait, vous ferez le mien...
Ce sera pour elle... Il faut bien que notre querelle finisse par
un cadeau... J'en serai pour 1,500 francs.

SÉNASAR.

C'est moins cher qu'un cachemire !

D'AUBRY.

Ha ! ha ! ha !... comme vous dites... Adieu !

(*Il va pour sortir.*)

SCÈNE XI.

LES MÊMES, BIBO.

BIBO.**

Ah ! il y est encore !

D'AUBRY.

Hein ! Est-ce que tu viens pour me mettre à la porte ?

BIBO.

Au contraire. (*A Sénasar.*) Excusez, maître ! (*A d'Aubry.*)
C'est une lettre que le concierge allait porter chez vous... Mais
j'ai dit : Tiens !... il est là-haut.

D'AUBRY.

Une lettre pour moi... (*A Sénasar.*(Il paraît que je reçois ma
correspondance ici. (*A Bibo.*) Et de qui cette lettre ? (*Il la
prend.*)

BIBO.

Je ne sais pas, je ne l'ai pas lue.

D'AUBRY, *ouvrant la lettre.*

De Clotilde ! de ma femme !...

SÉNASAR, *à part, sur la causeuse.*

Comment se fait-il ?

BIBO, *bas à Sénasar.*

Je ne savais pas... j'ai peut-être mal fait.

* D'Aubry, Sénasar.
** D'Aubry, Bibo, Sénasar.

2

D'AUBRY, *étouffant un cri.*

Ah !

SÉNASAR, *se levant.*

Qu'est-ce donc ?

D'AUBRY, *très-ému, froissant la lettre.*

Rien... je vais... je m'en vais... (*A Bibo.*) C'est au concierge qu'on a remis... je vais savoir...

BIBO.

Il n'y est pas... il en porte d'autres...

D'AUBRY.*

Adieu ! (*Il prend la casquette de Bibo pour son chapeau et va pour sortir.*)

SÉNASAR, *à part, regardant à gauche.*

Est-ce qu'elle est encore ici ?

BIBO, *éclatant de rire.*

Ah ! ah ! ah ! voilà qui est drôle.

D'AUBRY, *se retournant avec colère.*

Quoi, drôle ? Qu'est-ce qui est drôle ? Voulez-vous m'insulter... drôle ? (*Il le secoue.*) **

BIBO, *se défendant.*

Eh bien ! eh bien ! à bas les mains !

SÉNASAR, *les séparant.*

Monsieur !... Monsieur !...

D'AUBRY.

Drôle ! il rit !

BIBO.

Pardine ! je ris... il n'y a pas de quoi ! vous prenez ma casquette pour votre chapeau.

D'AUBRY.

Hein ! ah oui ! (*Il la jette à terre derrière la causeuse ;— la lettre qu'il tenait à la main, tombe en même temps.*)

BIBO.

Ah ! bien ! mais dites donc...

D'AUBRY, *prenant son chapeau.*

Excusez. (*Serrant la main à Sénasar.*) Adieu ! (*Il va pour sortir.*)

SÉNASAR.

Adieu. (*A part.*) Que diable lui écrit-elle ? (*D'Aubry redescend la scène très-agité.*)

BIBO, *à part.*

Ah ! bon ! on dirait que cette lettre est une pilule qui a de la peine à passer.

---

* Bibo, d'Aubry, Sénasar.
*' Bibo, Sénasar, d'Aubry.

SÉNASAR.

Va–t'en.

BIBO, *l'apercevant, bas.*

Il reste!

D'AUBRY.

Dites-moi... Clotilde était chez vous ce matin?

SÉNASAR.*

Sans doute... vous l'avez vue.

D'AUBRY.

Au fait!... est-ce qu'elle y a écrit... une lettre!...

SÉNASAR.

Ce matin, je ne crois pas.

D'AUBRY, *se retournant.*

Mais... dis-moi!...

BIBO.

Quoi?

D'AUBRY.

Rien. (*A Sénasar.*) Adieu! (*Il sort.*)

SÉNASAR.

Il est fou!

BIBO.

Dites donc, maître, Catherine est là, voulez-vous qu'elle essaie le costume de vestale?

SÉNASAR.

Laisse-moi! (*Il va pour rentrer dans sa chambre, à gauche.*)

BIBO.

Elle va l'essayer. (*Il se retourne et voit d'Aubry rentrer très-agité.*) Ah! bien!

SÉNASAR, *se retournant.*

Hein?

D'AUBRY, *à demi-voix.*

Quand elle venait poser pour son portrait... elle était seule? toujours seule?

SÉNASAR.

Toujours.

D'AUBRY.

Et il ne venait personne, tandis qu'elle était ici... jamais personne?

SÉNASAR.

Jamais.

D'AUBRY.

Bien sûr?

* Sénasar, d'Aubry, Bibo.

SÉNASAR.

Monsieur !

D'AUBRY.

C'est juste, vous le dites, je le crois. (*Il va pour sortir.*) Ah ! mon chapeau !...

SÉNASAR.

Vous l'avez sur la tête.

D'AUBRY.

Ah ! la tête ! la tête, je la perds.

BIBO, *derrière la causeuse.*

C'est donc ça?

D'AUBRY, *avec colère.*

Plaît-il ?

BIBO, *effrayé.*

Ah ! mon Dieu !

D'AUBRY, *à Sénasar.*

Si vous saviez ce qui m'arrive... Ma femme... au fait, je puis vous dire... Non... (*Lui prenant les mains.*) Adieu !

SÉNASAR.

Adieu ! (*Bibo va pour sortir par la gauche.*)

D'AUBRY, *à Bibo.*

Hein ?...

BIBO.

Oh ! je n'ai rien dit.

D'AUBRY.

Adieu ! (*Il sort.*)

SCÈNE XII.

SÉNASAR, BIBO.

SÉNASAR, *se promenant, à part.*

Sa femme ! sa femme !

BIBO, *ramassant sa casquette.*

Ah ! bon !

SÉNASAR.

Qu'est-ce que c'est ?

BIBO, *montrant la lettre par terre.*

Il a perdu sa lettre.

SÉNASAR, *la prenant.*

Sa lettre ! bien, va-t'en. Oui, c'est cela. (*Clotilde paraît à la porte de la chambre.*)

BIBO, *l'apercevant.*

Oh ! (*Il rentre à droite.*)

SCÈNE XIII.

CLOTILDE, SÉNASAR.*

SÉNASAR, *sans la voir.*

C'est son congé qu'elle lui donne... Voyons un peu... non, je n'ai pas le droit de la lire.

CLOTILDE, *appuyée sur son épaule.*

Je vous la lirai, moi !

SÉNASAR.

Ah ! vous étiez là, chez moi !

CLOTILDE.

Oui, chez nous... d'où j'ai écrit cette lettre.

SÉNASAR.

Et dans cette lettre, vous lui disiez?... (*Il ouvre la lettre.*)

CLOTILDE, *lisant.*

« Alexandre, lorsque l'on ne s'entend plus, il faut bien se
» séparer... la loi n'y met plus d'obstacle... Il semble qu'en
» vous unissant à moi, vous ayez prévu la fin de nos amours...
» Nous sommes libres, vous de porter votre tendresse et votre
» fortune à quelque sylphide de l'Opéra, et moi de donner mon
» cœur et ma main à un ami plus sûr et plus fidèle, qui m'é-
» pouse. » (*Se penchant vers lui.*) N'est-ce pas ?

SÉNASAR.

Hein ? plus sûr et plus... ah ! oui... oui... parbleu !... En-
suite !...

CLOTILDE.

« Adieu ! Désormais inconnus l'un à l'autre, si nous nous
» rencontrons, je vous dispense d'un salut, vous n'aurez pas
» même à craindre un sourire.

SÉNASAR.

» Clotilde.

CLOTILDE.

» Paris, 7 juin 1852. »

SÉNASAR.

Pauvre homme !... c'est bien sec.

CLOTILDE.

Allez-vous le plaindre ?

SÉNASAR.

Eh ! mais au jeu, il est de mauvais goût de se moquer de
ceux qui perdent, quand on gagne.

CLOTILDE.

Et si c'était un mari... là... comme les autres ?

* Clotilde, Sénasar.

SÉNASAR.

Ah ! c'est différent.

CLOTILDE.

Vilain ! vous êtes tous les mêmes... amoureux du bien qui ne vous appartient pas, vous n'en sentez plus le prix dès qu'il est à vous.

SÉNASAR.

Si fait ! mais tout cela est si inattendu, que je suis encore étourdi de mon bonheur... N'est-ce point un rêve ?

CLOTILDE.

Non, je suis à vous... bien à vous... et, tenez, mon ami, me voilà délivrée d'un poids affreux qui m'étouffait... ma position était si fausse !... Ici même, quand je posais devant vous... quand vos regards cherchaient les miens... avec un amour que mon cœur avait deviné... parce qu'il le partageait...

SÉNASAR.

Vous m'aimiez ?

CLOTILDE.

Vous en doutez, ingrat !... Eh bien ! je m'en voulais de vous tromper... comme les autres... je me disais : Sénasar est un artiste... il doit être indulgent, généreux. Il vit dans un monde qui comprend une faute et qui la pardonne !... je ne me trompais pas !...

SÉNASAR.

Oh ! non !

CLOTILDE.

J'ai vos serments... et désormais, pour vous, je ne serai qu'une amie, dont le premier mariage fut une folie... et...

SÉNASAR.

Qui convole en secondes noces.

CLOTILDE.

J'allais le dire... Et lorsqu'après un an ou deux passés en Italie... à Naples... à Florence... dans ce beau pays qui aura vu nos premières amours... nous viendrons *mariés,* heureux, avec la réputation d'un grand artiste et d'une femme qui a dignement réparé sa faute... qui donc refusera de nous ouvrir sa porte ?... Mais Paris est plein de ces mariages réparateurs !... et pourvu que nous nous aimions toujours !...

SÉNASAR.

Oh ! oui, Clotilde. (*Il va pour l'embrasser.*)

CLOTILDE.

Non, Monsieur, je n'accorde rien qu'à mon mari.

SÉNASAR.

Ah ! un à-compte !

CLOTILDE.

Du tout !... du tout !... Ce sont les à-compte qui nous perdent ! Voyons, Monsieur, quand partons-nous ?

SÉNASAR.

Mais si nous nous marions d'abord ?

CLOTILDE.

Oh ! non !

SÉNASAR.

Eh ! mais, est-ce que vous croyez que je vais passer deux ans à voyager, avec le bonheur en perspective ? Allons donc !

CLOTILDE.

La petite baronne Désaunais s'est mariée en route.

SÉNASAR.

En route ?

CLOTILDE.

A Turin, je crois.... Nous nous marierons à Turin... où je vous rejoindrai. Cela se fait devant un consul... à l'ambassade, que sais-je !... le Code le dit... C'est ainsi que le baron Désaunais a épousé Clorinde.

SÉNASAR.

Qui !... ce petit niais !

CLOTILDE.

Vous ferez comme lui... (*Mouvement de Sénasar.*) A cette différence près qu'il est niais, et que vous ne l'êtes pas !... Le Code est le même pour tout le monde.

SÉNASAR.

Mais je ne puis...

CLOTILDE.

Ah ! je le veux ! (*Se reprenant.*) Je vous en prie !

SÉNASAR.

Syrène ! (*Toussant.*) Hum !

SCÈNE XIV.

LES MÊMES, BIBO.

BIBO.*

Dites donc, maître ?

SÉNASAR.

Quoi ? que me veux-tu ?

BIBO.

Il y a, là, dans la salle à manger, une grosse femme avec des paquets, des cartons, une grande cage, et une perruche dedans.

CLOTILDE.

Ah ! c'est Jeanne !

* Clotilde, Bibo, Sénasar.

SÉNASAR. *

Qui ça Jeanne?

CLOTILDE, *à demi-voix.*

Eh bien, Jeanne... ma domestique, une brave fille qui m'est très-dévouée... Je lui ai fait dire de m'apporter ici, chez vous, mes effets, mes diamants, ma perruche... un oiseau que j'adore!

SÉNASAR.

Miséricorde! et pourquoi faire?

CLOTILDE.

Mais, Monsieur, je déménage.

SÉNASAR.

Ah! oui! ah! oui! (*A part.*) Hum! des paquets... une femme de chambre... une perruche... me voilà bien!

BIBO.

Elle demande s'il faut faire monter les effets qui sont dans la citadine?

CLOTILDE.

Mais certainement.

SÉNASAR.

Permettez...

CLOTILDE.

Ah! dites-lui de ne pas renvoyer la voiture... j'en ai besoin... allez!

BIBO.

Oui, Madame (*A part.*) Il paraît que la perruche change de nid. (*Il sort.*)

SÉNASAR.

Mais c'est que...

CLOTILDE.

Quoi donc?

SÉNASAR.

C'est que je ne suis pas logé de manière... vous concevez... un garçon!...

CLOTILDE.

Vous avez peur que je demeure avec vous?

SÉNASAR.

Vous! au contraire... il y aura toujours assez de place pour nous deux.

CLOTILDE.

Et voilà justement ce que je ne veux pas... Je garde la voiture pour aller chez ma sœur.

SÉNASAR.

Vous avez une sœur?

* Bibo, Clotilde, Sénasar.

CLOTILDE.

Certainement... Je vais lui demander une secrète hospitalité, pour passer chez elle les moments... où je ne puis sans danger demeurer avec vous... Mais en attendant que je sois tout à mon artiste... à mon mari... je vous confie ce que j'ai de plus cher au monde, trente mille francs de diamants, qui m'appartiennent... mes toilettes qui vous feront penser à moi... et ma perruche, une petite bête charmante, qui sait mon nom... elle vous le dira souvent... Est-ce que cela vous fait de la peine ?

SÉNASAR.

Je ne dis pas, mais où loger tout cela ?

CLOTILDE.

Oh ! le premier petit coin venu... une chambre perdue... Tenez celle-ci. (*Elle ouvre la chambre à droite.*) Ah ! (*Elle recule vivement.*)

SÉNASAR.*

Qu'est-ce donc ?

CLOTILDE.

Une femme, là ! (*La portière retombe.*)

SÉNASAR.

Une femme ! ah ! oui... un modèle qui vient poser pour ce tableau.

CLOTILDE.

Un modèle... bien sûr !

SÉNASAR.

Sans doute... vous êtes jalouse ?

CLOTILDE, *lui tendant la main.*

Puisque je vous aime !

BIBO, *rentrant.*

Maître, je viens de faire entrer là les malles, la perruche et tout le bataclan !

CLOTILDE.

Bien !

ENSEMBLE.

AIR : *de Polka.*

SÉNASAR.

Me voilà pris !
Dans l'ordre des maris,
Je trébuche !
La perruche
Change de nid,
Et sa maîtresse aussi.
Liberté ! tout est fini !

BIBO.

Le maître est pris !
Dans l'ordre des maris,

* Sénasar, Clotilde.

Il trébuche.
La perruche
Change de nid,
Et sa maîtresse aussi !
Pour l'autre tout est fini !

CLOTILDE.

De ce logis
Faisons un paradis.
Plus d'embûche !
Ma perruche
S'abat ici,
Et sa maîtresse aussi.
Le bonheur trouve son nid.

(Clotilde entre à gauche.)

SCÈNE XV.

BIBO, SÉNASAR.

SÉNASAR.

Hum ! hum ! me voilà avec un ménage... et une femme !..
une femme qui sait son Code... article mariage ! Il n'y a plus à
m'en dédire !... j'ai promis !... et puis, le bonheur... C'est éton-
nant le drôle d'effet que cela me fait! Je suis en baisse de cin-
quante pour cent.

BIBO, se posant devant lui.

Maître !

SÉNASAR, avec impatience.

Quoi ? qu'est-ce que tu fais là ? qu'est-ce que tu me veux ?

BIBO, riant.

Il paraît que vous allez avoir un ménage... une locataire ?

SÉNASAR.

Eh bien, si ça me convient... si ça me plaît !... Qu'est-ce que
tu as à rire ?... à me regarder, comme un imbécile ?

BIBO.

Je ne vous regarde pas comme un imbécile ! au contraire !..
puisque je veux me marier !

SÉNASAR.

Te marier !... toi, Bibo ?

BIBO.

Moi, Bibo !

SÉNASAR, le montrant avec dépit.

C'est libre... c'est garçon ! et cela veut se mettre une chaîne
au cou !

BIBO.

Mais vous, vous me disiez ce matin...

SÉNASAR.

Au fait, oui... marie-toi !... tu feras bien !... Je voudrais que tout le monde se mariât !.. ça m'amuserait ! *

BIBO.

Mais c'est que Catherine ne veut plus... Elle a des idées... Elle veut un riche mariage avec des diamants... et une moitié d'agent de change, comme madame Clotilde.

SÉNASAR.

Clotilde ! qui ça Clotilde ?

BIBO.

Eh bien , cette dame... à la perruche.

SÉNASAR.

Elle la connaît ?

BIBO.

Mais beaucoup.

SCÈNE XVI.

SÉNASAR, BIBO, CATHERINE.

CATHERINE, *habillée pour poser, et venant de la droite.*

Ah ! çà mais, M. Bibo, est-ce que je vais passer toute ma journée en costume de vestale ?

BIBO. **

Ne vous en plaignez pas, mademoiselle Catherine... il vous va si bien !.. et quand vous poserez devant le maître...

CATHERINE.

Laissez-moi donc tranquille !.. vous voyez bien qu'il n'a pas besoin de moi.

SÉNASAR.

Si fait... (*A Bibo.*) Retourne à l'atelier, laisse-nous !

BIBO.

Oui, maître...(*Bas.*) Décidez-la donc au mariage. Vrai ! ça me fera plaisir !

SÉNASAR.

Va-t'en !

BIBO.

Oui, maître ! (*Bas à Catherine.*) Ecoutez-le, mademoiselle Catherine, c'est un homme d'esprit !.. il a un cœur comme moi.... et il vous dira...

SÉNASAR.

T'en iras-tu ?

* Sénasar, Bibo.
** Sénasar, Bibo, Catherine.

BIBO.

Oui, maître. (*A Catherine.**) Il vous dira qu'un artiste vaut
bien...

CATHERINE.

Puisqu'on vous dit de vous en aller.

BIBO.

Oui, maître ! (*A part.*) Ambitieuse, va !.. (*Il sort par la droite.*)

CATHERINE.

Faut-il poser à genoux et les yeux baissés ?

SÉNASAR.

Tout à l'heure... mais d'abord, répondez-moi... Vous avez
connu madame d'Aubry... mademoiselle Clotilde, enfin... vous
l'avez connue ?

CATHERINE.

Ah ! mon dieu ! c'est ce bavard de Bibo qui vous a dit...

SÉNASAR, *avec impatience.*

Répondez-moi, vous l'avez connue ?

CATHERINE, *effrayée.*

Oui... non... c'est-à-dire... je l'ai connue au spectacle...
parce que je ne la connaissais pas... C'est mademoiselle Joséphine, une maîtresse couturière... que j'ai revue aujourd'hui...
même qu'elle m'a répété sur cette dame...

SÉNASAR.

Quoi ? qu'est-ce qu'elle vous a répété ?

CATHERINE.

Mais rien de mal... parce qu'il n'y a pas de mal à en dire
d'abord !.. Quand elle travaillait avec mademoiselle Joséphine,
elle n'avait que sa beauté... sa jeunesse.. et l'espérance, comme
tout le monde... Elle a fait un bon mariage... c'est permis !

SÉNASAR.

Bien ! bien !

CATHERINE.

Et cela devait être, parce qu'elle aimait...

SÉNASAR.

Son mari ?

CATHERINE.

Elle aimait les belles toilettes... les beaux diamants... comme
tout le monde !.. c'est permis !

SÉNASAR, *à part.*

C'est donc pour ça qu'elle a sauvé la caisse Ltrente mille
francs de diamants !.. Sapristi ! je vais passer pour un recéleur.

CATHERINE.

Mais, du reste, il n'y a pas de mal à en dire...quand on sou-
tient sa famille.

* Sénasar, Catherine, Bibo.

SÉNASAR.

Ah ! elle a une famille !.. oui, je sais, une sœur...

CATHERINE.

Qui est mariée comme elle.

SÉNASAR.

Ah! comme elle!

CATHERINE.

Air : *Que d'établissements nouveaux.*

Et trois frères qu'elle a placés,
Aux post's, au cirque, à la barrière ;
Puis un pèr'... que vous connaissez ?...

SÉNASAR.

Non !

CATHERINE.

Ah! c'est un bonhomm' de père...
Pourvu qu'il lèv' le coude un peu.
(*Riant.*)
Par exempl', sa mère est... parfaite !

SÉNASAR, *à part.*

Avec sa perruche !... parbleu
La ménagerie est complète !...

CATHERINE.

Du reste, il n'y a pas de mal à en dire.

SÉNASAR.

Parbleu ! (*A part.*) Et je vais épouser tout cela ?... Tant
mieux ! ça m'apprendra à parler toujours mariage... Je n'y
manque jamais... C'est un moyen... on s'arrange !... Mais cette
fois, ah ! je suis pincé !

CATHERINE.

Mais, Monsieur, est-ce que je ne vais pas poser?

SÉNASAR.

Eh ! non !... (*A part.*) C'est moi qui pose !

SCÈNE XVII.

LES MÊMES, D'AUBRY, *à la fin* BIBO.

D'AUBRY, *entrant brusquement.*

Me voilà encore ! *

SÉNASAR.

A l'autre, à présent !

CATHERINE, *à demi-voix.*

Ah ! le mari !... Surtout, Monsieur, ne dites pas !...

_____

* D'Aubry, Sénasar, Catherine.

3

D'AUBRY, *cherchant.*

Est-ce que je n'ai pas laissé ici... ce papier... Vous savez, cette lettre que j'ai reçue ?...

SÉNASAR.

Cette lettre... vous l'avez perdue ?... (*Il remonte du côté opposé, et jette à terre la lettre, qu'il avait mise dans sa poche.*)

D'AUBRY.

Diable ! diable ! je serais fâché... (*L'apercevant.*) Ah ! je la retrouve ! je la tiens !

CATHERINE, *à demi-voix.*

Eh bien ! qu'est-ce que je vais faire à présent que je suis habillée ?

SÉNASAR, *de même.*

Eh bien ! allez vous déshabiller.

CATHERINE, *à part.*

C'est gentil ! voilà une journée perdue... M. Bibo me la paiera ! (*En remontant, elle fait la révérence à d'Aubry qui la salue ; elle sort par la droite.*)

D'AUBRY.*

Elle est drôle cette petite !

SÉNASAR.

Vous trouvez ?

D'AUBRY.

C'est encore un portrait que vous faites ?

SÉNASAR.

Un portrait !... oui, oui... mais moins bien que celui de votre femme.

D'AUBRY.

Ma femme !... ma femme !... je n'en ai plus !

SÉNASAR.

Ah ! mon Dieu !

D'AUBRY, *lui serrant la main avec émotion.*

Ou plutôt, mon cher, je n'en ai jamais eu.

SÉNASAR.

Ah ! mon Dieu !

D'AUBRY.

Je puis tout vous dire, à présent que je suis revenu du coup... Ah ! il a été rude ! parce qu'il y a des choses... si... Enfin...

SÉNASAR.

Cette lettre...

D'AUBRY, *la lui donnant.*

Lisez... lisez... Ce n'est plus un mystère ; ainsi, tout le monde le saura !... Vous voyez, elle me quitte... elle en épouse un autre... J'en suis bien aise.

* Sénasar, d'Aubry.

SÉNASAR.

Ah! bah! bah! bah! Vous n'étiez pas marié!

D'AUBRY, *reprenant sa lettre.*

Une jeune fille qui n'était rien... quand je l'ai aimée... mais rien du tout!... Jolie, je ne dis pas ; spirituelle, c'est possible ! Amusante, c'est vrai !... Mais il y en avait d'autres... et moi, je lui ai donné une fortune... je lui ai donné mon nom... C'est un tort, on est toujours puni de ces bêtises-là... (*S'attendrissant peu à peu.*) Mais que voulez-vous ? Je l'aimais bien... je la présentais partout comme ma femme... Moi-même, j'avais fini par croire qu'elle l'était... Je prévenais tous ses désirs... j'obéissais à tous ses caprices... Et Dieu sait si elle en a !... J'avais placé sa famille !... J'aurais tout fait pour elle, tout !... et voyez sa reconnaissance! Une lettre sèche dans laquelle elle me donne congé, comme un propriétaire à qui l'on dit : Notre bail est fini, merci ! je vais loger ailleurs !... Elle n'a pas de cœur ! (*Lui serrant la main.*) Tant mieux ! elle me vengera de l'imbécile qui me l'a prise !

SÉNASAR, *à part.*

Si je pouvais te la rendre !

D'AUBRY.

Que ce soit une leçon pour vous, mon cher, si jamais... si jamais... Je m'en vais, à tantôt... car vous venez toujours dîner... Seulement je ne sais plus. Elle va me manquer... Mais ce sera un dîner de garçons... Bah !... et je leur avouerai mon aventure au champagne... pour faire passer... (*Suffoquant.*) Nous rirons... (*Il va pour s'en aller.*)

SÉNASAR, *le retenant.*

Mais dites donc, mon cher monsieur d'Aubry, pour un homme qui a pris son parti, vous êtes bien ému?

D'AUBRY.

Moi... pas du tout... au contraire... C'est le premier moment comme ça... parce que l'ingratitude, ça vous... Mais je suis ravi, enchanté !

SÉNASAR.

Je ne crois pas.

D'AUBRY.

Si fait !... parole d'honneur !

SÉNASAR, *le plaçant devant le portrait.**

Elle est pourtant bien jolie !

D'AUBRY.

Vous trouvez ?... Des yeux faux... une bouche dédaigneuse... un sourire sardonique... (*Au portrait.*) Hou ! tu n'as pas de cœur, vois-tu, tu n'as pas de cœur !.. Je m'en vais !

SÉNASAR, *le retenant.*

Et ces épaules si belles, qui promettent tant de charmes...

* D'Aubry, Sénasar.

D'AUBRY.

Oh! ses épaules ne sont pas comme elle... elles ne trompent
pas... Ah! mon cher!

SÉNASAR.

Très-bien!

D'AUBRY.

Délicieux!

SÉNASAR.

Là! vous voyez, vous l'aimeriez encore!

D'AUBRY.

Moi! jamais!

SÉNASAR.*

Si.

D'AUBRY.

Non.

SÉNASAR.

Si.

D'AUBRY.

Non... après une lettre pareille!... une lettre... Je serais le
dernier des hommes... Je m'en'vais! (*Il s'en va.*)

SÉNASAR.

Mais cette lettre, qu'est-ce qu'elle a donc de si dur?... Là,
voyons!

D'AUBRY, *revenant vivement.*

Comment, ce qu'elle a?... Parbleu! vous avez l'intelligence
difficile, vous!... Tenez, écoutez-moi ça... (*Lisant sèchement.*)
Alexandre...

SÉNASAR.

Elle pourrait dire : Monsieur... mais votre petit nom
Alexandre... c'est gentil!

D'AUBRY.

Oui, gentil! (*Lisant.*) *Quand on ne s'entend plus, il faut bien se
séparer!...* Hein?... c'est donc gentil?

SÉNASAR.

Vous veniez de lui faire une querelle et de la trouver laide!...
Mais quelle expression de regret!... (*Autre ton.*) *Alexandre,
quand on ne s'entend plus, il faut bien se séparer!*

D'AUBRY.

Cet phrase-là, soit!... mais... (*Lisant.*) *La loi n'y met pas
d'obstacle... Il semble qu'en vous unissant à moi, vous ayez prévu
la fin de nos amours.*

SÉNASAR.

Oh! c'est un reproche... *Il semble qu'en vous unissant à moi,*

_____

* Sénasar, d'Aubry.

vous ayez prévu... Ce n'est pas elle, bonne petite, elle s'est donnée à vous sans rien prévoir.

D'AUBRY.

Sans rien. prévoir, sans rien prévoir !... Vingt-cinq mille livres de rente ! (*Lisant.*) *Nous sommes libres, vous de porter votre tendresse et votre fortune à quelque sylphide de l'Opéra...*

SÉNASAR.

Ah ! de la jalousie ! nous y voilà ! Je disais bien aussi : Il y a de la jalousie là-dessous... Vous en aimez une autre... une sylphide ?

D'AUBRY.

Oh ! un caprice, une fantaisie... mais j'ai rompu avec elle, ce matin... J'en suis fâché !

SÉNASAR.

Là, vous la trahissiez et vous ne voulez pas qu'elle se plaigne ?

D'AUBRY.

Je la trahissais !... je la trahissais !... Oui, au fait, je la trahissais... Mais elle ! elle !... (*Lisant.*) *Et moi de donner mon cœur et ma main à un ami plus sûr et plus fidèle qui m'épouse !...* C'est donc gentil !... *Qui m'épouse...*

SÉNASAR, *achevant le mot.*

Ra !

D'AUBRY,

Il n'y a pas *ra !*

SÉNASAR.

C'est une menace qu'elle vous fait... cela veut dire : Ah ! vous aimez une sylphide !... eh bien, moi, je ferai comme vous, là... Pauvre femme ! on n'est jaloux que de ce qu'on aime, vous le disiez ce matin.

D'AUBRY.

Je le disais, je le disais... mais la fin. (*Lisant*) : « *Adieu, désormais inconnus l'un à l'autre, si nous nous rencontrons, je vous dispenserai d'un salut... et vous n'aurez pas même à craindre un sourire !...* » Quel dédain ! comme c'est sec !

SÉNASAR.

Oh ! par exemple ! c'est tout ce qu'il y a de plus délicat au monde.. Vous ne me saluerez pas, vous !.. Je n'exige plus rien.. Et moi, pauvre femme abandonnée, je ne vous en voudrai pas, je n'aurai pas même un sourire !... Je garderai ma joie pour moi !... C'est une délicatesse d'intention !

D'AUBRY, *s'asseyant sur la causeuse.*

Bah ! bah ! c'est le ton qui fait la musique !

SÉNASAR, *prenant la lettre.*

Justement ! vous y mettez une aigreur qui n'y est pas. (*Il lit la lettre avec la plus grande tendresse.*) « Alexandre, quand on » ne s'entend plus, il faut se séparer. La loi n'y met pas d'ob-

» stacle... Il semble qu'en vous unissant à moi, vous ayez
» prévu la fin de nos amours. (*Il soupire.*) (*D'Aubry se lève et
» s'approche, comme attiré malgré lui.*) Nous sommes libres...
» vous... de porter votre tendresse et votre fortune à quelque
» sylphide de l'Opéra... et moi... (*avec émotion.*) Et moi, de
» donner mon cœur et ma main à un ami plus sûr et plus
» fidèle, qui m'épouse...ra.

D'AUBRY.

Il n'y a pas ra.

SÉNASAR, *s'attendrissant de plus en plus.*

» Adieu ! Désormais inconnus l'un à l'autre... Si nous nous
» rencontrons, je vous dispense d'un salut, et vous n'aurez pas
» même à craindre un sourire ! » (*Suffoquant.*) « Clotilde !...
» votre Clotilde ! » (*D'Aubry cache son émotion*) Ah ! il y a des
larmes dans cette lettre-là !... Et tenez, tenez ! en voilà une
qui est tombée sur le papier.

D'AUBRY, *vivement.*

Vous croyez?

SÉNASAR, *se tournant vers le portrait.*

Une larme tombée pour vous de ces yeux charmants!

D'AUBRY, *passant au portrait.**

Le fait est qu'ils sont bien jolis ses yeux !

SÉNASAR.

Et cette bouche dont les baisers sont si doux !

D'AUBRY.

C'est vrai.

SÉNASAR.

Et ces épaules!...

D'AUBRY, *se débattant.*

Assez ! assez !**

SÉNASAR.

Ah ! vous avez beau dire, vous regrettez cette femme-là !

D'AUBRY.

Je la regrette ! je la regrette !.. c'est tout naturel, quand on se
regardait comme en ménage... Que diable ! on a ses habitudes !

SÉNASAR.

Et vous êtes une bête d'habitude !

D'AUBRY.

Hein ?

SÉNASAR, *riant.*

Vous le disiez ce matin.

D'AUBRY.

C'est vrai, mais si elle en épouse une autre.

(*Bibo entre et descend doucement.*)

* D'Aubry, Sénasar.
** Sénasar, d'Aubry.

SÉNASAR.

Allons donc !...

D'AUBRY, *regardant sa lettre.*

Mais voyez?

BIBO, *à l'oreille de Sénasar.**

Maître !

SÉNASAR.

Encore toi !

BIBO, *de même.*

Chut! elle vient de rentrer... votre locataire.... la femme
de... (*Il montre d'Aubry.*)

SÉNASAR.

Tais-toi !

D'AUBRY.

Qu'est-ce ?

SÉNASAR, *à l'oreille de d'Aubry.*

Elle est là... chez moi... votre femme!... (*Il lui montre la
gauche.*)

D'AUBRY.

Clotilde !

SÉNASAR, *de même.*

Chut! elle vient poser... une dernière séance... voulez-vous
que je tâche adroitement de savoir...

D'AUBRY, *bas.*

Oui... oui... Oh ! une idée !... j'attendrai chez vous, quelque
part.

SÉNASAR.

Bah ! vous voulez? au fait... Bibo, tu vas montrer à Monsieur
mon carton de dessins, dans mon petit salon.

BIBO.

Oui, maître. (*Il prend un grand carton.*)

D'AUBRY.

C'est cela, je regarderai des images.

SÉNASAR.

Allez, allez. (*D'Aubry va pour sortir.*)

SÉNASAR, *à part.*

Ouf! (*Il s'essuie le front.*) Si je n'ai pas le prix de vertu...
mais Clotilde...

BIBO, *bas.*

J'ai dit à Catherine que je ne voulais pas l'épouser.

SÉNASAR.

Ah ! bah! c'est un moyen ça... (*D'Aubry gagne doucement la
porte de gauche.*)

* Bibo, Sénasar, d'Aubry.

BIBO.

Oui, un moyen pour qu'elle m'adore... pour qu'elle revienne... il n'y a rien qui monte la tête aux femmes comme ça.

SÉNASAR, *à part.*

Diable ! diable ! diable ! (*A d'Aubry que Bibo lui montre.*) Eh ! mais, qu'est-ce que vous faites ?*

D'AUBRY, *bas.*

Rien, rien, je m'en vais ! ne soyez pas longtemps, mon ami.

SÉNASAR, *de même.*

Non, non, mon cher ami.

BIBO, *à part.*

Tiens, ils ont l'air d'être d'accord... c'est drôle !... Et la perruche !...

(*D'Aubry sort par le fond, Bibo le suit.*)

SÉNASAR, *seul.*

Le diable m'emporte, si je sais comment m'y prendre !... avec ça que le sacrifice me coûte...

SCÈNE XVIII.

ÉNASAR, CLOTILDE, *à la fin* D'AUBRY.

CLOTILDE, *se montrant à gauche.*

Vous êtes seul ?.... on peut entrer ?...

SÉNASAR, *à part.*

Allons, ferme ! (*Il travaille au portrait.*)

CLOTILDE.

Vous étiez avec quelqu'un ?

SÉNASAR.**

Mais non... je ne crois pas...

CLOTILDE, *riant.*

Peut-être cette dame qui était là, quand je suis partie ?

SÉNASAR.

Cette dame ?... oui... non... c'est-à-dire...

CLOTILDE.

Prenez garde, Monsieur, j'ai le droit de connaître vos secrets... et si c'en est un je pourrais exiger...

SÉNASAR.

Exiger... exiger... (*A part.*) Une querelle... voilà un moyen. (*Haut.*) Après, s'il vous plaît?... exiger...

CLOTILDE, *surprise.*

Ah ! vous vous révoltez ?

---

* Sénasar, d'Aubry, Bibo.
** Sénasar, Clotilde

SÉNASAR.

Oui, je me révolte, parce que je ne puis pas céder à un caprice.

CLOTILDE, *lui prenant le bras.*

Eh bien, mon ami, c'est moi qui cède... Je ne demande plus rien... j'ai confiance.

SÉNASAR, *à part.*

Ça ne prend pas.

CLOTILDE.

D'ailleurs, je ne veux pas me fâcher avec un mari... de demain.

SÉNASAR.

C'est-à-dire que si j'étais un mari d'hier...

CLOTILDE, *vivement.*

Ce serait différent!

SÉNASAR.

Oh!

CLOTILDE, *d'un ton câlin.*

J'aurais plus de confiance encore.

SÉNASAR.

Ah! (*A part.*) La lionne cache ses griffes.

CLOTILDE.

Voyons, ne faites pas la moue... regardez-moi en face.

SÉNASAR, *à part.*

Si je la regarde, je suis perdu.

CLOTILDE.

Regardez-moi donc... là! est-ce que vous me trouvez l'air bien méchant?

SÉNASAR, *avec abandon.*

Oh! non... je vous trouve... je vous trouve charmante.

CLOTILDE.

A la bonne heure! Voyons, venez vous asseoir... ici... près de moi, et causons. (*Elle gagne la causeuse.*)

SÉNASAR, *à part.*

Et l'autre qui regarde des images!

CLOTILDE.

Venez... venez...

SÉNASAR, *à part.*

Dame! ce n'est pas ma faute!

AIR : *Un homme pour faire un tableau.*

Cet air embarrassé, distrait...
Pourquoi!... venez donc, j'abandonne
Cette main...

(*Lui donnant sa main à baiser.*)
On vous le permet!

SÉNASAR, *lui baisant la main.*
Clotilde !... Ah ! que vous êtes bonne !
(*Elle s'assied. — A part.*)
Mais en conscience, à présent,
Pauvre homme !... je ne puis lui prendre
Sa femme... son bien... et pourtant
Je ne voudrais pas tout lui rendre !...

(*Il s'assied près d'elle et va pour l'embrasser.*)

CLOTILDE, *refusant.*
Eh bien !...

SÉNASAR.
Quoi ! si peu !

CLOTILDE.
Oh ! rien de plus, jusqu'au mariage.

SÉNASAR.
Oh ! je n'irai jamais jusque-là.

CLOTILDE.
Écoutez-moi.

SÉNASAR.
Non, je ne veux rien entendre... Il faut...

CLOTILDE.
Il faut vous taire, quand je vous parle, Monsieur.

SÉNASAR, *à part.*
Consigne de ménage!

CLOTILDE.
Je viens de chez ma sœur... Il est convenu que j'irai tous les
soirs chez elle, et que je reviendrai le lendemain, ici... sous
prétexte de mon portrait... que vous ferez durer toujours,
quitte à défaire la nuit ce que vous aurez fait le jour.

SÉNASAR.
Comme Pénélope.

CLOTILDE.
Pénélope je ne connais pas.

SÉNASAR, *à part.*
Elle n'est pas forte.

CLOTILDE.
Et cela jusqu'à notre départ, qu'il faudra hâter, entendez-
vous ?

SÉNASAR.
Voilà ! c'est que je ne puis pas le hâter.

CLOTILDE.
Et pourquoi ?

SÉNASAR.
Parce que... parce que j'ai de grands travaux à faire pour
l'exposition... Mon tableau à finir... Le *Feu éternel.* (*A part.*)
M'y voilà !

CLOTILDE.

Votre tableau !... Vous n'y pensiez pas ce matin ; vous n'aviez de feu éternel que pour moi.

SÉNASAR.

Oui, mais la réflexion...

CLOTILDE.

Ah ! vous avez réfléchi... Moi, Monsieur, je n'aime pas qu'on réfléchisse.

SÉNASAR.

Vous êtes despote ! (*Il veut se lever.*)

CLOTILDE, *le retenant.*

Eh bien ! non... Eh bien ! non... nous ne voyagerons pas... au fait. Bah ! j'aime mieux cela !

SÉNASAR, *à part.*

Ça ne prend pas !

CLOTILDE.

Nous nous marierons à Paris... sans bruit... sans éclat... Personne ne le saura, que nos témoins et M. le maire...

SÉNASAR.

Nous marier !... C'est que... c'est que... (*Frappé d'une idée.*) Ah !

CLOTILDE.

Quoi ? ah !

SÉNASAR.

Hein ?

CLOTILDE.

Vous avez dit : Ah !

SÉNASAR.

J'ai dit : Ah !

CLOTILDE.

Mon Dieu ! quel air embarrassé... Vous me faites peur !

SÉNASAR.

Si ce mariage était... impossible ?

CLOTILDE.

Impossible !... Et la raison ?

SÉNASAR.

La raison, c'est que... je ne sais comment vous dire... vous apprendre...

CLOTILDE.

Oh ! parlez ! parlez ! vous me faites mourir !... C'est que...

SÉNASAR.

C'est que...

CLOTILDE.

Achevez donc !

SÉNASAR.

Je suis marié !

CLOTILDE, *se levant.*

Vous !

SÉNASAR, *à part.*

Je n'ose pas la regarder !

CLOTILDE.*

Marié !... Ah ! Monsieur ?

SÉNASAR, *à part.*

Ça prend !

CLOTILDE.

Et vous me laissiez croire que vous ne l'étiez pas ?

SÉNASAR.

Dame ! vous me laissiez croire que vous l'étiez...

CLOTILDE.

Mais depuis ..

SÉNASAR, *se levant.*

Oh ! depuis, je n'ai pas eu le courage de faire un aveu qui devait m'enlever tant de bonheur ! tant d'amour !

CLOTILDE.

Laissez-moi !... Marié !... mais à qui ? quelle femme ? ...Ah ! celle que j'ai vue... là !... J'y suis ! (*Montrant la droite.*)**

SÉNASAR.

Vous y êtes ! (*A part.*) C'est pris !

CLOTILDE.

Et vous disiez un modèle...

SÉNASAR.

Je n'avais pas eu le courage...

CLOTILDE.

Eh ! Monsieur !... que pense-t-elle de moi, si elle se doute ?...

SÉNASAR.

Non !... non !... elle ne se doute de rien... Elle ne saura rien... (*A part.*) Oh ! ma foi, tant pis ! je ne résiste plus... (*Haut.*) Écoutez-moi, Clotilde !...

CLOTILDE.

Monsieur !...

SÉNASAR, *très-tendrement.*

On peut s'aimer quand même... Une chaîne qui empêche un mariage, n'empêche pas un amour...

CLOTILDE, *le repoussant.*

Laissez-moi, Monsieur ! laissez-moi ! Je ne vous pardonnerai jamais! (*Elle se jette sur la causeuse et se détourne avec colère.*)

SÉNASAR.

Oh ! jamais !

* Clotilde, Sénasar.
** Sénasar, Clotilde.

SCÈNE XIX.

LES MÊMES, D'AUBRY.

(Il entr'ouvre la porte du fond et avance la tête.)

D'AUBRY, *bas.*

Eh !

SÉNASAR, *de même.*

Ah !

(D'Aubry lui demande par signes s'il peut entrer, Sénasar fait signe que oui. — Il gagne la porte de sa chambre, d'Aubry descend, Clotilde ne s'aperçoit de rien, et Sénasar lui dit par signes qu'il faut être pressant, tendre, etc.)

SÉNASAR, *à part.*

Ma foi !... sauve qui peut ! *(Il sort par la gauche.)*

CLOTILDE, *se levant avec dépit.*

Non, non, jamais ! *(Elle se trouve en face de d'Aubry.)*

D'AUBRY.*

Ciel !

CLOTILDE, *stupéfaite.*

Ah !

D'AUBRY, *avec émotion.*

Jamais !... Est-ce pour moi que vous dites cela, Clotilde ?

CLOTILDE.

Vous ici ! *(Elle regarde autour d'elle.)*

D'AUBRY.

Oui, moi, à qui vous avez écrit cette vilaine lettre... qui m'a fait bien du mal... *(La déchirant.)* Voyons, Clotilde... est-ce sérieux... ou n'est-ce qu'une menace ?... M'en voulez-vous encore d'avoir trouvé ton portrait peu ressemblant ?... Me quitter pour si peu !... ce n'est pas gentil !... Non, vois-tu, je n'aime personne à l'Opéra... parole d'honneur !... Jalouse !... Et toi... réponds... Est-ce que vous en aimez un autre ?... Hein ?... non ?... Est-ce que vous pouvez en épouser un autre qui... un autre qui... ne t'aimerait pas comme je t'aime ? *(Clotilde, dont la figure a exprimé, pendant qu'il parlait, la surprise, le dépit et un parti arrêté, le regarde en souriant.)*

CLOTILDE.

Bien vrai ?

D'AUBRY, *s'approchant.*

Tu en doutes ? hein ? non ? *(Clotilde rit plus fort ; il continue, riant comme elle.)* Hé ! hé ! hé ! tu as voulu me faire peur... Allons, tu as voulu me faire peur !

CLOTILDE.

Vous méritiez mieux que cela !

* D'Aubry, Clotilde.

D'AUBRY, *riant plus fort.*

Ah! ah! ah! non!... Oh! non... Tu me pardonnes... je te pardonne... embrassons-nous!

CLOTILDE, *le repoussant de la main.*

Ah! Monsieur!

D'AUBRY.

Qu'est-ce qu'il y a encore?

CLOTILDE.

Si j'avais une condition à vous faire?

D'AUBRY.

Une condition !... Parle, dépêche-toi! (*Tirant sa montre.*) Nous avons du monde.

CLOTILDE.

Je vous ai fait la promesse de vous aimer, de vous être fidèle... et Dieu sait si je l'ai tenue!... Mais vous... qui m'aviez promis... un mariage...

D'AUBRY.

Oh! il y manque si peu !

CLOTILDE.

Il n'y manque que... ce qui permet à une femme de marcher tête levée dans le monde... Ah! si vous saviez, Alexandre, combien j'ai été malheureuse de cette position équivoque!... Et si je vous quittais, ce n'était que pour la faire cesser.

D'AUBRY.

Ah!... fallait donc le dire! Soit!... et tu m'aimeras?

CLOTILDE, *lui sautant au cou.*

Oh! toujours !

SÉNASAR, *reparaissant à gauche, et à part.*

Je crois que j'ai bien fait de renvoyer la perruche.

D'AUBRY, *l'apercevant.*

Ah! c'est vous, mon cher!... Venez! venez! tout est fini... Elle n'aime que moi ; vous disiez bien !

CLOTILDE.*

Ah! Monsieur disait...

SÉNASAR.

Oh! je disais... je disais (*A part.*) Il avait bien besoin de parler de ça, lui!

D'AUBRY, *mettant son chapeau.*

Adieu, adieu, j'emmène ma femme (*Bas.*) Ma femme tout à fait!... je l'épouse.

SÉNASAR, *à part.*

Elle y tient. (*Elle met son chapeau et son mantelet qu'elle avait posés à gauche.*)

_____

* Sénasar, d'Aubry, Clotilde.

D'AUBRY.*

Pour la morale. (*Il va aider Clotilde.*)

SÉNASAR, *à part.*

La morale ! et dire que c'est mon ouvrage !...

SCÈNE XX.

LES MÊMES, BIBO, CATHERINE.

BIBO, *entrant par la droite, bas à Sénasar.***

Qu'est-ce que je vous disais, maître? nous nous marions... Elle est revenue. (*Catherine paraît.*)

SÉNASAR, *l'apercevant.*

Aïe ! (*Il veut la renvoyer.*)

D'AUBRY, *lui prenant le bras et la retenant.*

Ah ! ça, mon cher artiste, ne vous faites pas attendre !.. (*A Clotilde.*) Il dîne avec nous.

SÉNASAR.

Oh ! moi !...

CLOTILDE.

C'est indiscret, Alexandre... monsieur Apelles n'est pas libre.

D'AUBRY.

Apelles ! tiens, vous vous appelez Apelles.

SÉNASAR.

Pourquoi pas? *Alexandre !...*

CLOTILDE.

Il faut le laisser à son ménage... près de sa femme...

D'AUBRY.

Ah ! bah ! il est marié !...

BIBO, *à part.*

Le maître ! ah ! bon !

D'AUBRY.

Vous êtes marié?

CLOTILDE, *montrant Catherine.*

Voilà madame Sénasar.

BIBO.

Hein?

CATHERINE.

Madame....

SÉNASAR, *bas à Bibo.*

Silence ! (*Haut.*) Mon Dieu oui. (*Bas à Catherine.*) Pas un mot...***

* Clotilde, d'Aubry, Sénasar.
** Clotilde, d'Aubry, Sénasar, Bibo, Catherine.
*** Clotilde, d'Aubry, Bibo, Sénasar, Catherine.

D'AUBRY.

Ah ! j'ai déjà vu... mais je ne savais pas... (*Otant son cha-peau.*) Pardon, Madame !

SÉNASAR, *bas.*

Faites la révérence. (*Catherine fait la révérence.*)

BIBO.

Ah ! mais... ah !. mais... (*Sénasar lui serre la main.*)

CATHERINE, *à part, avec joie.*

Est-ce qu'il voudrait m'épouser?

D'AUBRY.

Compliment, cher !... elle est charmante! (*Bas à Clotilde.*) Ces artistes ont des femmes de l'autre monde.

D'AUBRY, *à Sénasar.*

AIR : *ancienne Valse.*

Nous vous laissons tout à votre ménage,
Nous voilà tous mariés et contents.

CLOTILDE.

L'amour promet un bonheur sans nuage,
Et c'est l'hymen qui tient tous ses serments.

(*Ils remontent.*)

SÉNASAR.*

L'artiste reste encore à satisfaire,
Car ce portrait...

D'AUBRY.

C'est vrai, n'est pas fini.

SÉNASAR, *à Clotilde.*

Et dès demain vous reviendrez, j'espère ?

CLOTILDE.

Je reviendrai... mais avec mon mari !

SÉNASAR, *à Catherine , de loin.*

(*Parlé.*) La révérence.

CLOTILDE ET D'AUBRY.

Nous vous laissons tout à votre ménage,
Nous voilà tous mariés et contents,
L'amour promet un bonheur sans nuage,
Et c'est l'hymen qui tient tous les serments.

SÉNASAR.

Je suis censé comme eux être en ménage !
Nous voilà tous mariés et contents !
L'amour promet un bonheur sans nuage,
Et c'est l'hymen qui tiendra ses serments.

BIBO et CATHERINE.

Nous voilà donc tous comme eux en ménage,
Nous voilà tous mariés et contents,
L'amour promet un bonheur sans nuage,
Et c'est l'hymen qui tient tous les serments.

* Sénasar, Clotilde, d'Aubry, Catherine, Bibo.

FIN.

POISSY. — Typographie ARBIEU.

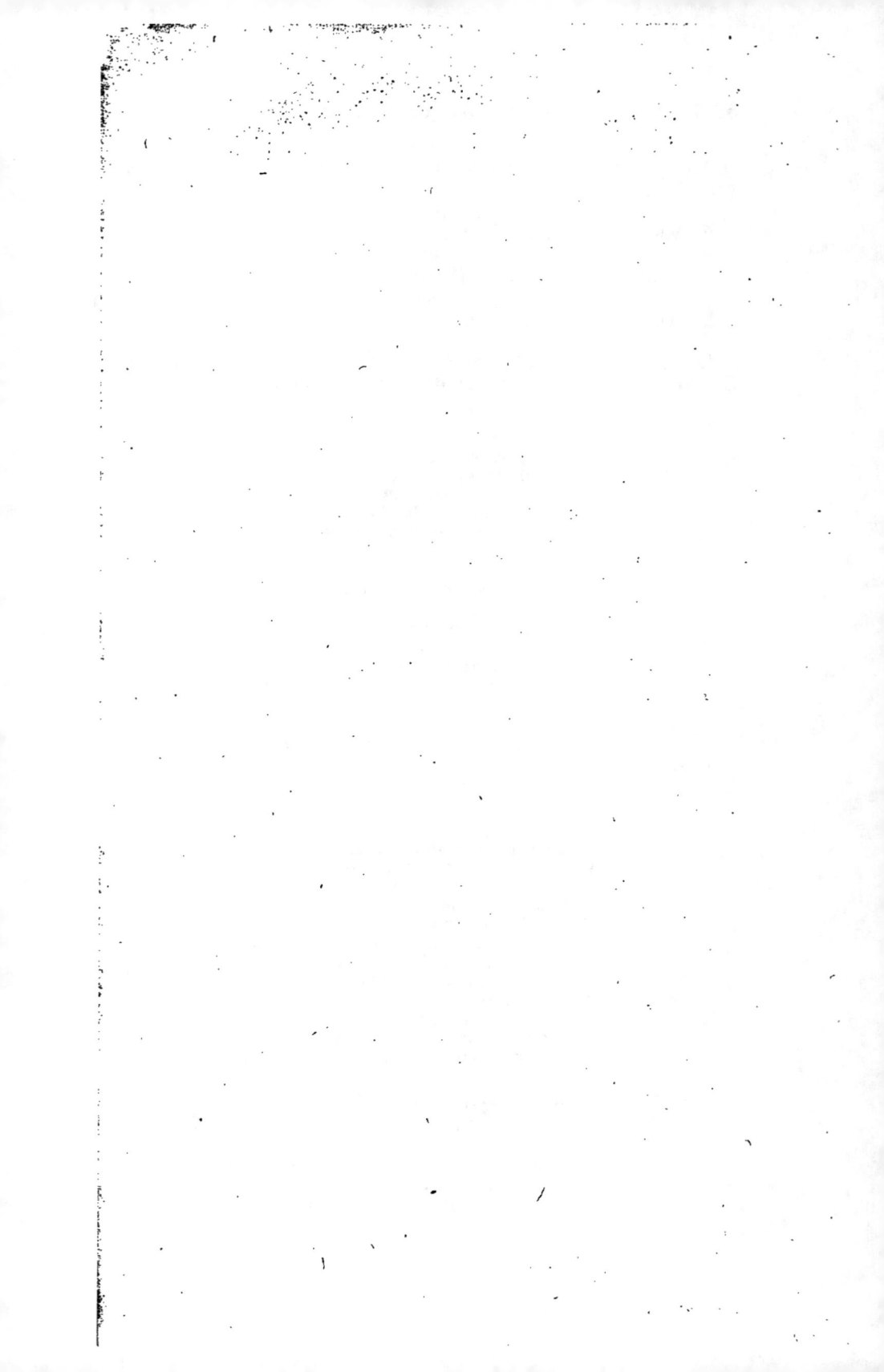

www.ingramcontent.com/pod-product-compliance
Lightning Source LLC
LaVergne TN
LVHW022154080426
835511LV00008B/1393